IKB Deutsche Industriebank

BAU KUNST WERK erscheint zum 75jährigen Jubiläum der IKB Deutsche Industriebank AG.

Der Band BAU dokumentiert die Architektur der Düsseldorfer IKB Verwaltungszentrale.

Der Band KUNST dokumentiert die Düsseldorfer Sammlung von Gemälden, Grafiken, Fotografien und Skulpturen der IKB.

BAUK
UNST
WERK

In Form

für neue Unternehmungen

»Unser

Anspruch

war

es,

eine

gelungene

Synthese

von

klassisch-moderner

Architektur

und

zeitgenössischer

Kunst

zu

finden,

um

eine

angenehme

Atmosphäre

zu

schaffen,

in

der

sich

unsere

Unternehmenskultur

ausdrückt.«

Dr. Alexander

von Tippelskirch,

Sprecher

des

Vorstandes

WILHELM-BÖTZKES-STRASSE 1

Bauten brauchen Banken.

Und Banken brauchen Bauten.

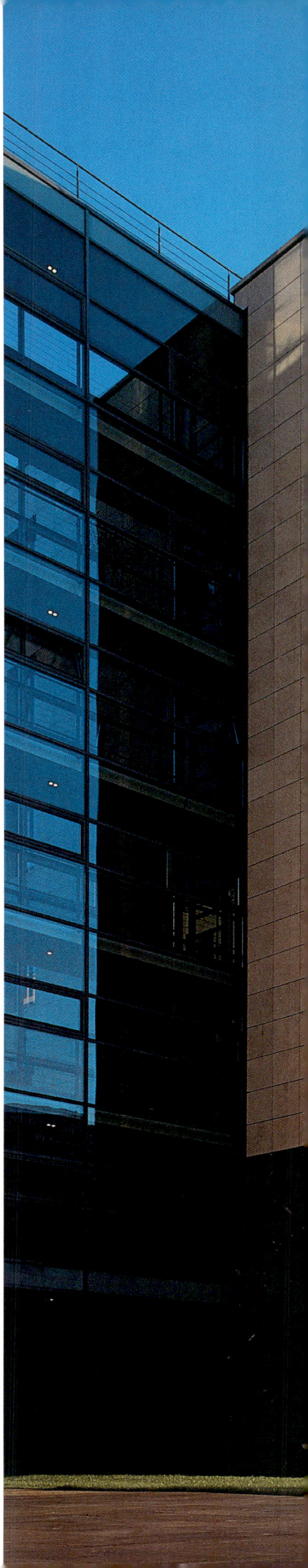

Selbst im Zeitalter des world wide web

lebt das Bankwesen ebenso von materieller wie

von virtueller Realität.

Es hat gute Gründe, daß man ein Bankhaus

heute immer noch als Bankhaus bezeichnet.

Ein

Haus

meint

mehr

als

ein

Gebäude.

Ein eigenes Haus gibt das Gefühl von Geborgenheit.

Geborgenheit für die Mitarbeiter,

die hier tätig sind.

Geborgenheit für Kunden und Partner,

die hier empfangen werden.

Das Geschäft mit

dem Geld erfordert

nach wie vor

persönliche

Präsenz und

das persönliche Gespräch.

Der Neubau eines Hauses bietet eine besondere

Chance – wenn sie als solche wahrgenommen wird:

Die

Chance,

etwas

Eigenes

zu

schaffen.

Ein Neubau ist stets ein Zeichen seiner Zeit.

Er sagt etwas über den Zeitgeschmack

und zeugt von der Verantwortung des Bauherrn.

Architektur wirkt ein

auf die Umgangsformen der Menschen,

die sie beherbergt.

In ihrem Erscheinungsbild

zeigt sich der Geist der Menschen,

die hier leben und arbeiten.

Ein Haus

kommuniziert

die Haltung

seiner

Bewohner.

Ein Haus definiert Raum.

Es friedet ein.

Es begrenzt.

Und es kann

Freiräume eröffnen.

Das Haus einer Bank steht für Sicherheit.

Es verkörpert Solidität und Stabilität.

Das schuldet es der Tradition.

Eine zeitgemäße Bank

sollte sich auch der Beweglichkeit

verpflichtet fühlen.

Vor

allem,

wenn

sie

keine

Bank

wie

andere

ist.

Eine »Bank

zum Unter-

nehmen«

muß Geschäfte

in Bewegung

bringen,

muß sich

in Form

für neue

Unter-

nehmungen

bringen.

Einen Ort mentaler Mobilität schaffen:

so der Anspruch an die Immobilie.

Gute Architektur verläßt sich nicht auf Symbolik.

Wichtiger als die Repräsentation ist die Funktion.

An der Funktionalität eines Hauses

erkennt man die Kunst des Architekten.

Einen wesentlichen Beitrag liefert das

Zusammenspiel von Kunst und Architektur.

Kunst

am

Bau?

Das

wäre

zu

wenig.

Am besten

wirken Künste

im gelungenen

Miteinander.

Je besser ihre

Beziehung, je

besser für das

Gesamtwerk.

Um so besser für die Beziehung, die das Ganze stiftet

für den Schönheitssinn der Betrachter,

für das Wohlbefinden der Bewohner

und für die Gestimmtheit der Gäste.

Hallen,
Gänge,
Zimmer.

Gemälde,
Grafiken,
Skulpturen.

Im Dialog
entsteht der
Innenraum.

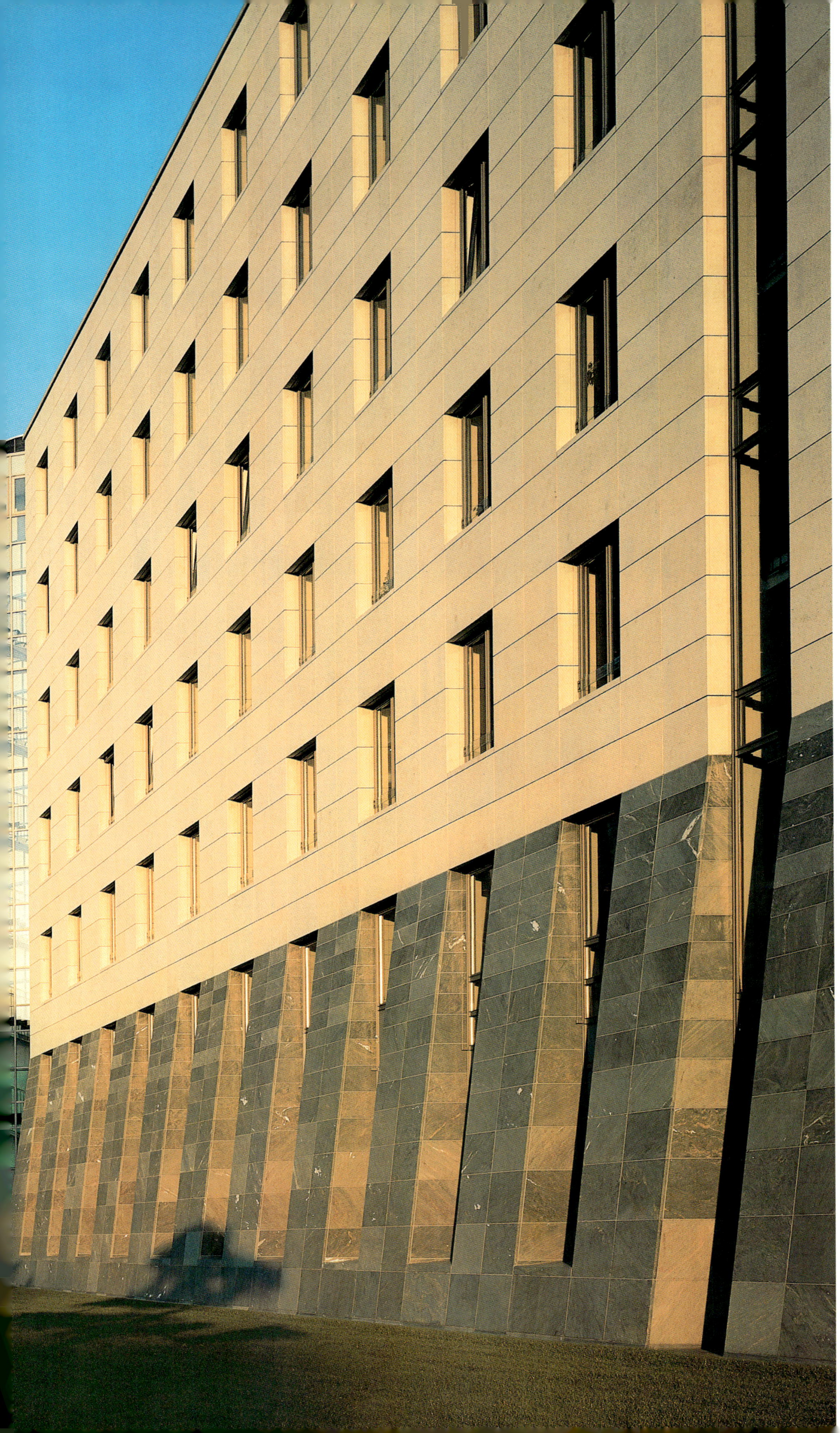

Kein

Architekt

kann

Identität

bauen,

kein

Sammler

Kultur

kaufen.

Kulturelle Identität

entwickelt sich

im gelebten Alltag.

Das sagt ein

Grundsatz der IKB:

»Unsere

Mitarbeiter

sind unser

wichtigstes

Kapital.«

Herzlich willkommen

in Düsseldorf.

Architektur: Müller Djordjevic Krehl

Kunstberatung: Hete A. M. Hünermann

Fotografie: Tomas Riehle

Text: Wilfried Korfmacher

Grafik: Daniel Stoffels

Druck: Heinrich Winterscheidt GmbH

Projektleitung: Heribert Wicken

ISBN 3-00-004802-2